Made in the USA
Las Vegas, NV
17 February 2022

44107998R00111